पोएटॉक्स

राजन चावला

क्रम-सूची

एक बात कहूँ....कुछ नहीं!!!

ये दिल क्या करे!

चाहत दिल की

तुम्हें पता है सब तकिये

ओ मेरे हबीब

फूल बन रही कली

कैसे कहूँ कैसे कहूँ!

सोचा ना था

इक जुबाँ, ख़ामोशी

मैं क्या लिखूं?

तकिया और तुम!

उसने थोड़ा और वक़्त माँगा है

क्या तू टाइम पास करने आया था?

आज फ़िर तेरी याद आई है

एक चम्मच शक्कर

अनसुलझे शिकवे

तुम वापस आओगे

बारिशें जब भी आती हैं

क्रम-सूची

क्रम-सूची

भूमिका

Poetalks (पोएटॉक्स) - कवि बात करता है लेकिन कविताओं में। वह अपनी भावनाओं को व्यक्त करता है लेकिन काव्यात्मक तरीके से। वह पसंद करता है, नापसंद करता है, प्यार करता है, कल्पना करता है, उदास हो जाता है, आनंद लेता है, क्रोधित हो जाता है और हर भावनाओं को एक सामान्य इंसान की तरह महसूस करता है लेकिन उन्हें अपने तरीके से व्यक्त करता है। वह बोलता है लेकिन वह अपनी बातचीत को पोएटॉकिंग कहता है। यह पुस्तक काव्यात्मक रूप से संप्रेषित भावनाओं का भंडार है। कविताएँ अवश्य पढ़ें और अपने आप को भावनाओं के साथ बहने दें।

Poetalks (पोएटॉक्स) - A Poet talks but in poems. He expresses his emotions but in a poetic way. He likes, dislikes, loves, imagines, gets sad, enjoys, gets angry and feels every emotions like a normal human being but conveys them in his own way. He talks but he calls his talkings as Poetalking. This book is a reservoir of the emotions and feelings communicated poetically. Do read the poems and let yourself flow with emotions.

कवि के बारे में

❧❧❧

हरियाणा में पैदा हुए और अब दिल्ली में रहने वाले <u>राजन चावला</u> ने सिम्बायोसिस, पुणे से मार्केटिंग मैनेजमेंट में मास्टर्स किया है और एनआईआईटी, दिल्ली से सॉफ्टवेयर इंजीनियरिंग में डिप्लोमा भी किया है। उन्हें बचपन से ही लिखने का शौक है। वह यू ट्यूब चैनल 'द म्यूजिक रिवाइवर्स' के मालिक हैं। वे न केवल कविताएँ लिखते हैं बल्कि गीत, फिल्म की पटकथा और संवाद भी लिखते हैं। वह अपने गीत खुद कंपोज करते हैं और म्यूजिक वीडियो भी डायरेक्ट करते हैं। अधिक अपडेट के लिए आप उन्हें इंस्टाग्राम (@therajanchawla), facebook (https://www.facebook.com/rajanchawla27/) या ट्विटर (@Raj4NewIndia) पर फॉलो कर सकते हैं।

    <u>RAJAN CHAWLA</u>, born and brought up in Haryana and now living in Delhi did his Masters in Marketing Management from Symbiosis, Pune and also has a diploma in Software Engineering from NIIT, Delhi.

He has the passion for writing since his childhood. He owns the You Tube channel 'The Music Revivers'. Not only he writes poems but lyrics, film scripts and dialogues too. He composes his own songs and directs music videos also. For more updates you can follow him on Instagram (@therajanchawla), facebook (/rajanchawla27/) or Twitter (@Raj4NewIndia)

आमुख

ये सभी कविताएं राजन चावला द्वारा स्व रचित है। हम आशा करतें हैं की आपको सभी रचनाएं पसंद आएँगी। अधिकांश कविताओं का ऑडियो सभी डिजिटल प्लेटफॉर्म जैसे Spotify, Amazon, Jio Saavn आदि पर उपलब्ध है। साथ ही आप कविताओं के वीडियो 'The Music Revivers' Youtube चैनल पर भी देख सकते हैं।

All these poe't'alks are self composed by Rajan Chawla. We hope that you will like all the creations. Most of the poems have got their audio avaialble on all the digital platforms like Spotify, Amazon, Jio Saavn etc. Also you can watch the videos on the poems on 'The Music Revivers' Youtube channel.

1. प्रेम कविताएं - Love Poetalks

एक बात कहूँ....कुछ नहीं!!!

एक बात कहूँ.... कुछ नहीं

सौ बार दिल को मनाता हूँ

हिम्मत बहुत बंधाता हूँ

फिर पास तेरे मैं आता हूँ और कहता हूँ

एक बात कहूँ.... कुछ नहीं ।

इज़हार मैं तुझसे कैसे करूँ?

इकरार मैं तुझसे कैसे करूँ?

ये प्यार शुरू मैं कैसे करूँ?

साथ जुबां ना दे तो मैं क्या करूँ?

पर फिर से कोशिश करता हूँ

एक बात कहूँ.... कुछ नहीं ।

दिल मुझको, मैं दिल को, तब कोसा करतें हैं

हर रात तुम्हें हम तन्हा, जब सोचा करतें हैं

हर रात नयी उम्मीद सी, दिल मुझको दिलाता है

दीदार तुम्हारा होते ही, जाने क्या हो जाता है

बस बात वही दोहराता हूँ

एक बात कहूँ.... कुछ नहीं ।

~राजन

ये दिल क्या करे!

जब किसी से प्यार हो

आखों आँखों में इकरार हो

खुद पे ना अख़्तियार हो

और जीना भी दुश्वार हो

तो क्या न करे क्या करे

ये दिल क्या करे?

जब दिल में कोई तमन्ना जगे

कोई बेगाना भी अपना लगे

जब हकीकत भी कोई सपना लगे

जब अच्छा सिर्फ सजना लगे

तो क्या न करे क्या करे

ये दिल क्या करे?

जब अच्छा लगे उसका साथ

उसका डालना हाथो में हाथ

जब हो सिर्फ प्यार की बात

जब सोचूं उसे मैं दिन और रात

तो क्या न करे क्या करे

ये दिल क्या करे?

~राजन

चाहत दिल की

न जाने ये दिल मुझसे क्या चाहता हैं

कैसे बता दूँ ये क्या चाहता हैं

न कुछ कहता है, न कुछ बताता है

दिल मेरा ज़ालिम, मुझी को सताता है।

ढूंढे ये दिल रात दिन जो किसी को

शायद बनाना अफसाना चाहता है

तनहा ये महसूस करता बहुत है

किसी को ये अपना बनाना चाहता है।

चाहता है खाना महोब्बत की कसमें

करके कोई वादा निभाना चाहता है

शायद, ये हाँ ना की जो है लड़ाई

इसमें ये हां को जीताना चाहता है।

ज़िद्द पे अड़ा है ये दिल मेरा पागल

कुछ तो ये कर के दिखाना चाहता है।

जानते हुए की सच होते नहीं सपने

हकीकत कोई फिर भी बनाना चाहता है।

हुई अब तो महंगी महोब्बत की ईंटें

आशियाना, फिर भी कोई, बनाना चाहता है।

न जाने ये दिल मुझसे क्या चाहता हैं

कैसे बता दूँ ये क्या चाहता है।

~राजन

तुम्हें पता है सब तकिये

मैं और मेरा तकिया

अक्सर ये बातें करतें हैं

तुम होती हो तो ऐसा होता

तुम होती तो वैसा होता

दिल की बात दिल में ना रख कर

तुमसे दिल की कहता हूँ

तुम्हें पता है सब तकिये

मैं कैसे तन्हाई सहता हूँ ।

तुम्हें पता है सब तकिये ।

मेरे यार अगर तुम न होते, मेरी ये रातें कैसे कटती

अकेले, कमरे में तो मेरी भी, यार बहुत है फटती

अपनी टांगो में तुम्हें दबा कर, कैसे अरमान निकालें हैं

कभी ऐसे तो कभी वैसे, हम तुमरी जान निकाले हैं

एक हाथ में फोन कभी, दूजे से तुम्हें दबोचे

आँखें बंद किये, मन में हम, क्या-क्या नहीं सोचे

तुम चुपचाप से वैसा करते, मैं जैसा तुमको कहता हूँ

तुम्हें पता है सब तकिये

मैं कैसे तन्हाई सहता हूँ।

मेरे मूड स्विंग का क्या कहना

पल में तोला, पल में माशा

पर तुमने सही है और सुनी है

मेरे गुस्से और उदासी की भाषा

तुम संग लड़ता हूँ गुस्से में, प्यार भी तुमसे करता हूँ

तुम्हें पता है सब तकिये

मैं कैसे तन्हाई सहता हूँ।

मेरा सच्छे दोस्त हो तुम, ये आज मैं सबसे कहता हूँ

तुम्हें पता है सब तकिये

मैं कैसे तन्हाई सहता हूँ।

~राजन

ओ मेरे हबीब

मुझको बता ऐ मेरे हबीब

तू क्यूँ है इतना दिल के करीब

ना देखा तुझे ना जाना तुझे

ना परखा ना पहचाना तुझे

कैसा ये रिश्ता है देखो अजीब

ओ मेरे हबीब, ओ मेरे हबीब

जिस दिन से मुझको तू मिला है

शुरू हुआ ये क्या सिलसिला है

ना रहा दोस्त कोई, ना रहा कोई रकीब

ओ मेरे हबीब, ओ मेरे हबीब

साथ हमारा छूटे ना

यार तू मुझसे रूठे ना

चाहे आये कोई सलीब

ओ मेरे हबीब, ओ मेरे हबीब

बस दिल से तुझे अपना मानू

ना तू जाने, ना मैं जानू

लिखा क्या है अपने नसीब

ओ मेरे हबीब, ओ मेरे हबीब

~राजन

फूल बन रही कली

धुला सा है ये आसमां,

नई सी हो गयी ज़मीं

महकती नई खुशबू लिए,

फूल बन रही कली।

नई सी इस तरंग में,

नई सी है उमंग अब

भवरें आगे पीछे हैं,

ये नज़ारा है ग़ज़ब

हर झोंका तेरी खुशबू लिए,

दूर जा रहा तलक़

हर राह अभी अनजान है,

जाए ना कही भटक

इसीलिए मैं कह रहा हूँ,

हो ले मेरे साथ में

दे दे अपने हाथों को,

बस तू मेरे हाथ में

हाथ जो मैं पकड़ूँगा,

फिर कभी ना छोड़ूंगा

वादा करूंगा जो तुझसे, वो कभी ना तोड़ूंगा

फिर चाहे जिस नज़र से तू

मुझको देखती रहे

बस दुआ है प्यार से वो

मुझको सेंकती रहे।

~राजन

कैसे कहूँ कैसे कहूँ!

कैसे कहूँ कैसे कहूँ!

अक्सर उनके होठों पर देखा एक सवाल

कैसे कहूँ कैसे कहूँ!

खबर है हमको, है प्यार उनको

क्यूँ खिल उठता है चेहरा उनका

पास हमारे आने पर

मायूसी सी छा जाती है

दूर हमारे जाने पर

पर करें तो क्या

वो भी कहना चाहतें हैं और

हम है कि सुन्ना चाहतें हैं

आँखों ही आँखों में कितनी बातें होती हैं

पर जुबां से इकरार का मज़ा ही निराला है

हद हो चुकी है अब कुछ तो होने वाला है

जाने कैसा मलाल है

फिर से बदला सवाल है

हवा ने आज जुल्फों कि लटें खोल दीं

दाँतों में होठों ने नई करवट सी ली

और खले और कहा

बिन आपके कैसे रहूँ

कैसे रहूँ?

कैसे रहूँ?

~राजन

सोचा ना था

ज़िन्दगी इस मोड़ पर ले आएगी सोचा ना था

तू मुझसे दूर चली जाएगी, सोचा ना था

क्या मायने है रिश्तों के, क्या मतलब है नातों के

हम से ये परिभाषा ही बदल जाएगी, सोचा ना था

माना हम ना बन सके हम कदम तेरे

पर इस तरह बीच राह तू बदल जाएगी, सोचा ना था

तू हम सफर होती तो अच्छा होता, पर अब ये सोच के हैरान हूँ

यूँ हम से तू दूर रह पायेगी, सोचा ना था

ख़ता अपनी कहूं या कुसूरवार तुझे कहूं

गलती समझ ही नहीं आएगी, सोचा ना था

क्या सोचा था और क्या हो गया

प्यार भरा रिश्ता ना जाने कहाँ खो गया

नफरत उतनी बढ़ जाएगी, सोचा ना था

कहने को रब ही बनता है जोड़ियां

पर इस कदर तू उसे तोड़ कर चली जाएगी, सोचा ना था

तू मुझसे दूर चली जाएगी

सोचा ना था

सोचा ना था

सोचा ना था ।

~राजन

इक जुबाँ, ख़ामोशी

इक जुबाँ, ख़ामोशी भी है

जिसे समझना आसां तो नहीं

पर तुम इसे समझ न पाओ

पता है मुझे, तुम इतने नादाँ तो नहीं।

सुनो ध्यान से क्या कहती है ख़ामोशी

जाने कितने राज़ खोले, बताये कौन है दोषी

तुम ना समझ बने रहे

मुझे तन्हा छोड़ चल दिए

बेख़बर हो तुम,

दुनिया ने मुझे कितने ग़म दिए

ख़ामोश रह कर सहता रहा, तन्हा में रहता रहा

न कोई समझ पाया मुझे, ना मेरी ख़ामोशी को

कहते है दे दो सज़ा, जा कर अपने दोषी को

तुम्हारी बहुत आई याद

नहीं सुनी किसी ने फ़रियाद

अब तो ये आलम है साथी

टूटती ही नहीं मेरी ये ख़ामोशी

जैसे ताला लग गया हो जुबां को

आकर मिलो मुझ टूटे इन्सां को

थक गया हूँ मैं, अब और नहीं सहा जाता

इस बेदर्द ज़माने में अब और नहीं रहा जाता

तुम मिलने आओ तो शायद, मुझे मिले जीने की राह

नहीं तो मैं भर लूंगा अपने सांसो की अंतिम आह!

˜राजन

मैं क्या लिखूं?

अब तो शब्द ही नहीं है शेष - मैं क्या लिखूं?

धुंधली यादों के अवशेष - मैं क्या लिखूं?

खुशियों पर छाए दुःख के मेघ - मैं क्या लिखूं?

बिखरा जहां, तूफ़ान जो आया तेज़ - मैं क्या लिखूं?

लोग आते हैं बदल कर भेष - मैं क्या लिखूं?

चेहरे पे मुस्कान, दिल में द्वेष - मैं क्या लिखूं?

वो फूल बेचने वाला ही बिछाये काटों की सेज़ - मैं क्या लिखूं?

हृदय तोड़ने वाले, मेरे हृदेश - मैं क्या लिखूं?

~राजन

तकिया और तुम!

सोचती हूँ तकिये को तुम्हारा नाम दे दूँ

जितनी शिकायतें हैं, उसी से कर लूँगी

जब कभी तुम पर प्यार आता है, उसी से कर लूँगी

सर या कमर में दर्द हो कभी

तो मैं उसी से कह दूँगी

सोचती हूँ तकिये को तुम्हारा नाम दे दूँ।

तुमने सालगिरह पर तोहफ़े में

जो घड़ी दी थी, उसे देखती हूँ

सोचती हूँ, काश घड़ी नहीं

थोड़ा वक़्त दिया होता

तो तकिया यूँ ना रोता

गले से लिपट कर उसके

दिल का हाल उसे ही सुना दूँगी

सोचती हूँ तकिये को तुम्हारा नाम दे दूँ।

तुम साथ होते हो तो वक़्त बचता नहीं है

तुम नहीं होते साथ तो वक़्त कटता नहीं है

आईने में देख कर अब तो मैं सजती ही नहीं

फ़ोन पर 'हब्बी कॉलिंग' की घंटी

दिन भर बजती ही नहीं

दबोच कर दोनों हाथो से मैं

अब उसी से हँस-बोल लूँगी

सोचती हूँ तकिये को तुम्हारा नाम दे दूँ।

~राजन

उसने थोड़ा और वक़्त माँगा है

मेरी आवारगी, मेरी वफ़ाओं का हिसाब माँगा है

उसने मुझसे थोड़ा और वक़्त माँगा है ।

इतने दिनों तक जो हम साथ रहें

लेकर हाथों में हाथ रहें

मैं आगे बढ़ा तो रोक दिया

होंठों पर रखा हाथ और टोक दिया

अब ख़त लिख कर, मेरी खामोशियों का जवाब माँगा है

उसने मुझसे थोड़ा और वक़्त माँगा है ।

बोली अभी जल्दी क्या है, अभी ही तो मिले हैं

चाहतों का क्या है, ये तो सिलसिले हैं

ये धागे कच्चे हैं अभी

इनकी मजबूती का आधार मांगा है

उसने थोड़ा और वक़्त माँगा है

उसने मुझसे थोड़ा और वक़्त माँगा है ।

कुछ चीज़ें हैं, परखने दो

कुछ सीखें हैं, समझने दो

कुछ तो मजबूरियां होंगी,

तभी तो ये दूरियां होंगी

सूरज की सुर्ख गवाही में, रिश्ते का आग़ाज़ मांगा हैं

उसने मुझसे थोड़ा और वक़्त माँगा है ।

~राजन

क्या तू टाइम पास करने आया था?

इक तू ही था, जिसको हमने ख़ुदा बनया था

तेरे लिए हमने ज़माने को ठुकराया था

किसी और रिश्ते को रिश्ता न समझा

तेरे लिए हर रिश्ता भुलाया था

तुझसे जो नाता जोड़ा था

दिल से हमने निभाया था

तेरे लिए ख़ुशी का अपनी

हमने गला भी दबाया था।

तू खुश रहे आबाद रहे

यही दिल को समझाया था

बस तेरा पाने को साथ

दिल मेरा ललचाया था

यही माँगा था बस तुझसे

और तू ये भी न दे पाया था

आखिर फिर तू क्या करने

मेरे जीवन में आया था?

~राजन

आज फ़िर तेरी याद आई है

अरसों बाद कलम उठाई है

आज फ़िर तेरी याद आई है

कलम की काली स्याही मुझे

तेरी काली घनी जुल्फ़ों की याद दिलाती है

ये सुंदर लिपि देवनागरी की

तेरे गालों की तरह खिलखिलाती है

हर शब्द जैसे तेरी आँखों का मोती हो

हर एक शब्द की अलग कहानी है

कागज़ पर ऐसे उतरें हैं

जैसे तेरी चाल मस्तानी है

तेरे इत्र की ख़ुश्बू, इस कागज़ से आती है

मेरे मन मस्तिष्क को ऐसे महकाती है

जैसे एक नया सवेरा हो

सुनहरी सूरज की किरणों ने

मेरे पास डाला डेरा हो

सब कुछ तेरे जैसा है प्रिये, तेरी ही परछाई है

अरसों बाद जो कलम उठाई है

आज फ़िर तेरी याद आई है।

~राजन

एक चम्मच शक़्कर

अचानक खिड़कियों के खड़कने की आवाज़ आयी

तुम्हे सोचते सोचते पता नहीं कब आँख लग आयी

उठा तो देखा हवा चल रही है ज़ोर से

काले बदल उमड़ कर आ रहें हैं उस और से

बिजली रानी भी आ कर चमकने लगी है

सीने में जो आग है, और धधकने लगी है

बस बारिश के बरसने और तुम्हारे आने का इंतज़ार है

आकर जो इस वीराने में बरसोगी

बस इसी चाहत में दिल बेकरार है

चली आओ ना, चली आओ ना

चाय के साथ पकौड़े खिलाऊंगा

हाँ हाँ पता है, एक ही चमच्च

शक़्कर, चाय में मिलाऊँगा

मुझे याद है एक बार चाय में जो

शक्कर की चम्मच मिला दी थी दो

तुमने साइंस का सिद्धांत सुनाया था

एक्ससेस ऑफ़ एवरीथिंग इस बैड

मैं ही समझ ना पाया था

आय ऍम सच अ डम्ब एस

पर इस बार जो आओगी

चाय में एक ही चम्मच शक्कर पाओगी

ना ज्यादा ना कम, कभी ख़ुशी कभी ग़म (और कुछ जा नहीं रहा था)

तुम्हारा वो पिंक वाला मग और मेरा ब्लू मग

जब साथ में टकराएंगे

चाय की गर्म चुस्कियों में सारे गिले शिकवे घुलते जायेंगे

अरे ये क्या बारिश तो आ गयी

(टिंग टोंग टिंग टोंग) लगता है तुम भी आ गयी।

ॱराजन

अनसुलझे शिकवे

अरसों की चाहतों को पल में भुला दो

फरमान है उनका, जो सामान है उनका

सब वो जला दो

अब उनका बात करने का मन नहीं करता

रिश्ता टूट भी जाए तो, उनका मन नहीं डरता

मैंने पूछा उनसे कुसूर तो बताएं

एक मौक़ा और दे कर फिर आजमाएं

प्यार के बंधन को यूँ ना तोड़े

हमसे ऐसे ना अपना मुँह मोड़ें

आपको छोड़कर कैसे जी पाएंगे

आँखों से आँसू रुकने न पाएंगे

आइये अब भी वक़्त है, संभाल लेते हैं

ये अनसुलझे शिकवे ही घर को उजाड़ देते हैं

कुछ मैं मानू, कुछ तुम मान लेना

ऐसे ठुकरा कर ना मेरी जान लेना।

ना मेरी जान लेना।

~राजन

तुम वापस आओगे

तुम्हारे साथ होने का एहसास, आज भी है

तुम वापस आओगे, ये आस आज भी है

मेरे दिल में जैसे तुमने एक मकां बना रखा था

अपनी मुस्कुराहट से हर कोने को सज़ा रखा था

तुम जो छोड़ कर गए तो वीरानियाँ सी छा गयीं, लेकिन

आती जाती मेरे बदन में, उम्मीद की साँस आज भी है।

तुम्हारे साथ होने का एहसास, आज भी है।

तुम वापस आओगे, ये आस आज भी है।

तुम्हारा व्हाट्सएप पर मीम्स शेयर करना याद आता है

फ़ेसबुक की फनी पोस्ट्स पर टैग करना गुदगुदाता है

इंस्टाग्राम की वो रोमांटिक रीलस

स्नैपचैट पर वो मोमेंट्स शेयर करना

आज भी मन को यादों से महका जाता है

मुझे इन सब पर अनब्लॉक कर दो, ये फ़रियाद आज भी है

तुम्हारे साथ होने का एहसास, आज भी है।

तुम वापस आओगे, ये आस आज भी है।

तुम नहीं हो तो दिल में एक खालीपन सा है

दिल कहीं टिकता नहीं, एक बंजारापन सा है

बस तुम्हारी यादें हैं तो कुछ अपनापन सा है

वरना भीड़ में भी खलता अकेलापन सा है

तुम समझों न, तुम समझों न, तुम्हारा होना क्यों खास भी है

तुम्हारे साथ होने का एहसास, आज भी है

तुम वापस आओगे, ये आस आज भी है।

~राजन

बारिशें जब भी आती हैं

बारिशें जब भी आती हैं

तेरी याद बहुत आती है।

घर की दीवार जैसे

तेरे चेहरे के रंग सी हो जाती है

दीवार पर लगी तेरी हर तस्वीर मुस्कुराती है

बारिशें जब भी आती हैं

तेरी याद बहुत आती है।

तेरा वो भाग कर बालकनी से टंगे कपडे उतारना

फिर अंदर आ कर चाय बनाना, पकौड़े तलना

सोच कर ही जुबां, पानी से भर जाती है

बारिशें जब भी आती हैं

तेरी याद बहुत आती है

याद है मुझे तुम कैसे

उस छोटे घर की बालकनी से

बूंदों के मोतियों को

अपनी अंजलि में भर लेती थी

जैसे पूरी दुनिया की खुशियां

एक ही पल में अपने नाम कर लेती थी

वो फोन पर शुभा मुद्गल का

अब के सावन गाना बजा कर नाचना

वो दो पल के लिए ही सही

अपने पल्लू से परेशानियों का धागा काटना

तेरी दिलेरी बताती है

बारिशें जब भी आती हैं

तेरी याद बहुत आती है।

वैसे तो हर मौसम तेरी याद दिलाता है

गर्मी सर्दी पतझड़ सावन

आखें बंद करूँ तो

तेरा ही चेहरा सामने आ जाता है

पर इन बारिशों का क्या ही कहूं

उधर बादल बरसते हैं

इधर मेरी आखें बरस जाती हैं

बारिशें जब भी आती हैं

तेरी याद बहुत आती है।

~राजन

एक रात एक ज़िंदगी

मैं एक रात में पूरी ज़िंदगी जी लेना चाहता हूँ

सोऊँ तो तुम्हें देखते हुए, सुबह उठूँ तो

तुम्हारा चेहरा ही देखना चाहता हूँ

मैं एक रात में पूरी ज़िंदगी जी लेना चाहता हूँ।।

कल सुबह के बाद, कल की रात नसीब न हो शायद

आज जितने हैं, कल उतने करीब न हो शायद

लिखें होंगे महोब्बत के जाम अगर क़िस्मत में

मैं उन्हें आज ही पी लेना चाहता हूँ

मैं एक रात में पूरी ज़िंदगी जी लेना चाहता हूँ।।

बहुत मुद्दतों के बाद आज ये रात आई है

चाँद की चाँदनी अपने साथ

तारों की बारात लाई है

अब तक फटे थे चाक दिल के जो

मैं इसी रोशनी में सी लेना चाहता हूँ

मैं एक रात में पूरी ज़िंदगी जी लेना चाहता हूँ।।

तुम्हारे चेहरे पर ये मुस्कान

एक उम्मीद है जिंदगी की

दुआ कुबूल हुई है मेरी

अब तक जो बंदगी की

मेरे काँधे पर सर रख लो ए एक रात के हमसफ़र

मैं तुम्हारे साथ हर ख़्वाब जी लेना चाहता हूं

मैं इसी एक रात में पूरी ज़िंदगी जी लेना चाहता हूँ।

‑राजन

ओए चाँद जा कर उसको कह दो

ओए चाँद, कब तलक़ टहलोगे मेरी ही छत्त पर

जा कर उसको कह दो, यूँ तड़पाया मत कर

ए चाँद तुमसे पूछता हूँ बता दो

ज़रा मेरे महबूब का पता दो

तुम तो उसे रोज़ देखते होंगे ना

ज़रा मेरी मोहब्बत ही उसे जता दो

ओए चाँद, कब तलक़ टहलोगे मेरी ही छत्त पर

जा कर उसको कह दो, यूँ तड़पाया मत कर।

उससे जा कर कहो ना

मैं उससे कितना प्यार करता हूँ

दिन रात बस उसी का इंतज़ार करता हूँ

दिन तो किसी तरह कट जाता है

रात गुजरती है तड़प तड़प कर

ओए चाँद, कब तलक़ टहलोगे मेरी ही छत पर

जा कर उसको कह दो, यूँ तड़पाया मत कर।

हम पिछली बार एक शादी में मिले थे

आँखों से आँखें टकराई थीं

नज़र को उसने ऐसे पकड़ा

उस पर से फिर नज़र हट ना पायी थी

दोस्त ने एक तरकीब सुझाई थी

पर्ची पर नंबर लिख कर उसके पास गिरायी थी

ओए चाँद, तुमने तो सब देखा था

वो मुझे देख शरमाई थी

वो सच था या मेरा भरम

क्या उसने पर्ची उठायी थी?

दिल और दिमाग परेशान हो जाता है

ये सोच सोच कर

ओए चाँद, कब तलक़ टहलोगे मेरी ही छत पर

जा कर उसको कह दो, बस एक बार मुझसे बात कर

ओए चाँद, प्लीज ना यार, थोड़ी तो मदद कर।

~राजन

उन्हें हमारे मेसेजस से इर्रिटेशन होने लगी है

वो जो करते थे हम से रात रात भर बात

उन्हें अब हमारे मेसेजस से इर्रिटेशन होने लगी है।

दिन भर व्हाट्सप्प पे ऑनलाइन रहो आप

पर हम मैसेज करें तो, इर्रिटेशन होने लगी है।

पहले पहल तो खूब बतियाते थे

इसके उसके यहाँ वहां के सब किस्से सुनाते थे

हमें भी अच्छा लगा और हम भी कहने लगे थे

नदी की तेज़ धार के साथ हम भी बहने लगे थे

यूँ लगा हमें पसंद करतें हैं आप

और, दिल में स्टिमुलेशन होने लगी है

पर अब जब करतें हैं आपसे बात

तो आपको इर्रिटेशन होने लगी है।

सुबह उठते ही अधखुली आँखों से

आपका गुड मॉर्निंग का मैसेज पढ़ना

पढ़ कर हमारे होठों की मुस्कान का

यूँ अनायास ही बढ़ना

दिन भर आपके एहसास को ले कर ही खुश रहते थे हम

'ये प्यार बहुत प्यारा है रे ' सबको कहते थे हम

रात को गुड नाईट लिख कर 'किस' की इमोजी देते थे आप

अब सिर्फ़ फ़ीकी 'GN' लिख कर अब्बरेविएशन होने लगी है

वो जो करते थे हमसे रात रात भर बात

अब उन्हें हमारे मेसेजस से इर्रिटेशन होने लगी है।

~राजन

वापस आ जाना

ए सुनो.... वापस आ जाना

तुम्हे उन धड़कनों की कसम जिन्हें तुम सुना करते हों

तुम्हे उन साँसों की कसम जिहे तुम मेरे साथ लेते हों

तुम्हे, उन हाथों की कसम जिन्हें तुम महसूस किया करते हों

तुम्हे उन आखों की कसम जिन्हे तुम आइना कहते हों

उन धड़कनों, उन साँसों, उन हाथों, उन आँखों का क़र्ज़ तुम्हे है
चुकाना

देखो वापस आ जाना

तुम कहते हों मैं लड़ती हूँ, नहीं लड़ूंगी

कहते हों बहुत बोलती है, नहीं बोलूंगी

बहुत सवाल पूछती है, नहीं पूछूँगी

कोई तोहफा भी नहीं मांगूंगी

जैसा भी हो, तुम ही अपनी चलाना

पर सुनो ना.... वापस आ जाना

बहुत सुनी है शहरी बाबुओं की, आने जाने की कहानियां

बहुत देखी है सड़कों को, आसुंओ से गीली करतीं जवानियाँ

मुझे नहीं रोना है, तुम्हें नहीं खोना है

तुम जल्दी वापस आकर मुझे लेकर जाना

ए सुन रहे हो ना

वापस आ जाना

वापस आ जाना

वापस आ जाना।

~राजन

कभी कभी बस यूँ ही

कभी कभी बस यूँ ही

तुम पर प्यार आता है

जीवन तुम पर वार दूँ

ये ख़ुमार आता है

तुम जो हँस कर मुझे यूँ देखती हो

जैसे जाड़े में कोई देह आग सेंकती हो

गर्म एहसासों का दिल में ज्वार आता है

कभी कभी बस यूँ ही

तुम पर प्यार आता है।

वो वक़्त मुझे असहाय बना देता है

खूँटें से बंधी मासूम गाय बना देता है

जो तुम कहती जाओ, मैं वो करता जाऊं

इच्छाओं के कुएं से पानी भरता जाऊं

हर सपना जैसे साकार आता है

कभी कभी बस यूँ ही

तुम पर प्यार आता है।

तुम पूछती हो, कभी कभी ही क्यों, हर रोज़ क्यों नहीं

सजा ही दी है महफ़िल, तो अफ़रोज़ क्यों नहीं

मैं कहता हूँ ऐसा दीदार-ए-हुस्न भी तो रोज़ नहीं होता

मेरे खुदा का रोज़ा भी तो हर रोज़ नहीं होता

बदलते मौसमों पर कहाँ ऐतबार आता है

कभी कभी बस यूँ ही

तुम पर प्यार आता है। कभी कभी बस यूँ ही।

ँराजन

2. प्रेरक कविताएं – Motivational Poetalks

चल भाग चलें

एक दिन ऐसे ही बस

मैं और मेरा दिल बात करने लगे

इधर उधर से नज़रें बचाये, दिल ने चुपके से कहा

चल भाग चलें

दुनिया से दूर, अभी आज चलें,

नशे में हो चूर, चल भाग चलें।

बस बहुत हुआ दूसरों के लिए जीना

बस बहुत हुआ दूसरों के लिए पल पल मरना

चल अब खुद के लिए जियें,

चल अब खुद के लिए मरें

चल भाग चलें।

जहाँ ना दुनिया हो, न दुनियादारी

ना धोखा हो ना ईमानदारी

ना रिश्तो, के मेले हों,

ना निभाने के झमेले हों

चल यार भाग चलें।

हो के मजबूर सही, दूर कहीं दूर

सबकी नज़रों से दूर कहीं,

ढूंढने ख़ुशी का नूर

चल ना भाग चलें।

मैंने पूछा जायेंगे कहाँ,

उसने कहा रास्ता ले जाये जहाँ

ना मंज़िल का पता हो ना राह की खबर

ना गुम जाने का ना कहीं पहुंचने का डर

आ अभी चल, चल भाग चलें।

ना शिकवे करें ना हो कोई गिला,

बस प्यार का ही मिले सिला

जहाँ ग़म ना छू सके कोई,

आ ऐसी कोई जगह हम दोनों

भाग चलें, अभी चल भाग चलें

भाग चलें, भाग चलें।

~राजन

दुल्हन की एक शाम

कुछ शरमाई सी, कुछ घबराई सी

सहमी हुई सी कुछ

मैं डोली से उतरी, देखा आँख चुरा कर

सब अनजाने से थे, मुझी को घूर रहे थे

मन की नदिया बेकल सी थी

न जाने कैसी हलचल सी थी

एक सवाल मन को खीझ रहा था

जैसे गहरे कुएं में कोई चीख रहा था

किअब क्या होगा?

कैसे किसी से बात करुँगी

हाल-ऐ-दिल किस से बयाँ करुँगी

अचानक ही मेरी नज़रें उनकी नज़रों से मिली

मानो वो जैसे पूछ रहीं हों, क्या हुआ

डूबते दिल को जैसे सहारा मिल गया

अरमानों की कश्ती को किनारा मिल गया

सब पास थे फिर भी अकेली थी

यहाँ कोई नहीं मेरी सहेली थी

बाबा माँ भाई बहन, सब तो छोड़ आयी थी मैं

वो रोते रहें सब और यहाँ दौड़ आयी थी मैं

कैसी ये रीत बनायीं है

कैसी ये प्रीत निभायी है

आज किसी से मिलान है मेरा

किसी के साथ जुदाई है

होठो पे मुस्कान दिल में था दर्द बड़ा

आँखों में छुपे अश्कों ने दिल में किया तूफ़ान खड़ा

शाम वो ऐसी आयी थी, ढलने का तो नाम नहीं

देखते बस मुझे रहना, सबको था बस काम यही

पर देख के मुझे जब वो देते थे दुआएं

सुनाई देती थी तब मुझे बाबुल की सदायें

आयी थीं माँ ली लोरियों की आवाज़

सासु माँ ने जब प्यार से रखा सर पर हाथ

फिर सोचा की माँ भी तो एक दिन

सब छोड़ कर आयी थी

मेरी तरह वो भी समेटे यादों को

आँचल में भर कर लायी थी

माँ बाबा तो नहीं, उनकी यादें करीब हैं

छोड़ कर उनको एक दिन जाना हर लड़की का नसीब है।

~राजन

जिसके दिल में महोब्बत नहीं है

इंसा जिसके दिल में महोब्बत नहीं है

ख़ुदा की भी उस पर रेहमत नहीं है

कहाँ तक तुझे याद रखेगी दुनिया

तू है इक फ़साना, हकीकत नहीं है

महोब्बत में क्यों लेने देने की शर्तें

महोब्बत है, कोई तिजारत नहीं है

वो गुलशन ही क्या जिसमें चहके न बुलबुल

वो घर क्या है खुश, जिसमें औरत नहीं है

ये माना की दिल हल्का होता है रो कर

पर हम को रोने की आदत नहीं है

यही है मुसीबत से बचने का रास्ता

मुसीबत को समझो, मुसीबत नहीं है

नज़र भी है झूठी, जुबां भी है झूठी

अगर दिल की बातों से निस्बत नहीं है

कभी तुम ख़ुशी की तमन्ना न करना

अगर ग़म से लड़ने की जुर्रतनहीं है

महोब्बत, कि जिसने जहां को बनाया

उसी की जहां को ज़रूरत नहीं है

ये किस सर्द मौसम में हम जी रहें है

किसी दिल में सौज-ऐ-महोब्बत नहीं है

ग़मो का फ़साना, सुनेगा क्या ज़माना

उसे अपनी खुशियों से फुर्सत नहीं है

वो सब से गरीब आदमी है इस जहां में

पास जिसके दिल है, पर महोब्बत नहीं है।

~राजन

कर्मठ पथ पर बढ़ता चल

हर मोड़ पे लक्ष्य बदलता है, हर मोड़ पे आहट होती है

नए लक्ष्य को पाने की मन में, फिर से नई चाहत होती है

चाहत को सपना बनाने में, सपने को अपना बनाने में

फिर से कोशिश करता चल

कर्मठ पथ पर बढ़ता चल ।

सुख दुःख तो आते रहतें हैं, इनसे क्या घबराना है

ये तो जीवन के अंग हैं, इनका तो यही ठिकाना है

इनकी ताल से ताल मिला कर, इनके हाथ से हाथ मिला कर

अपनी चाल से चलता चल

कर्मठ पथ पर बढ़ता चल ।

मुड़कर नहीं देखना पीछे, जो गई बीत सो बात गई

क्या है आज, क्या होगा कल, फिर से सोचो बात नयी

सब मातम सब जश्नों को, इन जीवन के प्रश्नों को

तुझे ही करना होगा हल

कर्मठ पथ पर बढ़ता चल ।

~राजन

ख़ुशी

वो जिसे सब पाना चाहतें हैं

वो जो सबके पास नहीं है

वो जो सब के जीवन में आती है

वो जो प्यार करने में होती है

बिछड़े यार के मिलने में होती है

वो जिसे हम चाहतें है सदा

वो लेकिन, चली जाती है दिखा कर अपनी अदा

वो जो रिश्ते बनाने से आती है

बिछड़ने से दूर जाती है

जो बाँटने से बढ़ती है

जो ईर्ष्या से जलती है

वो जो रब से मांगते हैं

उसे मिलने के वास्ते

दुखों का सागर लांघते हैं

किसी को अकेले में मिलती है

कभी किसी के साथ खिलती है

तो कभी आसुंओं में घुलती है

और फिर हर नई सुबह

अखियों में खुलती है

वो क्या है...'ख़ुशी' ही तो है।

~राजन

वक़्त का पाठ

यकीं सा हो चला है

मन भी समझ रहा है

उन अनसुनी बातों को

वक़्त की गर्त में जो

धुंधला सी गयी थीं

हालात की हवाओं ने

धूल को हटाया

बांवरा ये मन मेरा

तब बहुत पछताया

जब वक़्त था तो

वक़्त की क़द्र नहीं जानी

अब क़द्र है तो

वक़्त भी करने लगा मनमानी

सिमट रही है ज़िन्दगी जो लगती कभी विशाल थी

बचपन से जवानी तक लगती बेमिसाल थी

पर अब क्या?

पर अब क्या जब ये कोहरा हटा दिया है

पाठ, खूब वक़्त ने हमें पढ़ा दिया है ।

~राजन

नया दिन

नवीन उमंगें उमड़ रहीं है

व्याकुल हृदय में आज

संगीतविहीन इस जीवन में

फिर बजने लगा है साज़

नए गीत की सरगम से

मन प्रफुल्लित है आज

मन की सुंदर बगिया में

नव पुष्प खिलें हैं आज

जी करता है, चीखूँ चिल्लाऊं

छोड़ के सारी लाज

चहुँ दिशाओं में गूँजें

मेरी ही आवाज़

मुझे समझ में नहीं है आता

मेरी ख़ुशी का राज़

नयीं धुनें हैं, नयीं तरंगें

नया ही है अंदाज़

मन पंछी बन उड़ता जाये

नील गगन में आज

जैसे करना चाहता हो

नव जीवन का आग़ाज़

नमन कर रहा चरणों में

चरणकमल के आज

इतना दें आशीष मुझे

पूर्ण हों सब काज ।

~राजन

उठ जाग मुसाफिर

किस्मत पर भरोसा करने वालों,

ज़रा जागो

देखो सवेरा हो चुका है

रात भर इस तरह सोये,

कि तुम्हे खबर न हुई

कि कब सहर हुई

अरे जागोगे तो कुछ पाओगे

वरना यूँ ही सोते रह जाओगे

'दैव दैव, आलसी पुकारा'

क्या सुना नहीं तुमने यह नारा

उठो, जागो और कुछ काम करो

यूँ बैठे - बैठे ना आराम करो

आये हो दुनिया में तो कुछ करके दिखाओ

भाग्य पर भरोसा कर न यूँ मर के दिखाओ

यूँ करोगे भरोसा तो ना कोई बात बनेगी

फिर कैसे ज़िन्दगी से मुलाक़ात बनेगी

बैठे हो किनारे पे तो बैठे ही रहोगे

मारोगे अभी डुबकी तो धनवान बनोगे।

पल का क्या भरोसा है कि पल में क्या हो जाये

सोचना क्या है, जो होता है हो जाए

लक्ष्य साधो पहले क्या पाना है तुम्हे

राह ज़रा देखो जहां जाना है तुम्हें

लक्ष्यहीन हो कर अगर जो चल पड़े

तो देखोगे तुम राह में रोड अड़े पड़े

लिखनी है तुम्हे नित नई कहानियां

मिटानी है ठोकरों से जुल्म की निशानियां

हो अकेले तुम, तो डरने की क्या बात है

खुद पर भरोसा है अगर, तो खुदा भी साथ है।

~राजन

पार उतर ही जायेंगे!

अब जो चढ़े हैं नौका पर तो

पार उतर ही जायेंगे

नहीं घबराना ऊँची लहरों से

पार उतर ही जायेंगे

डराएंगी ये तेज़ हवाएं

पार उतर ही जायेंगे

तूफां का भी खतरा हो तो

पास अगर में हिम्मत हो तो

पार उतर ही जायेंगे

गोते खाते, गिरते संभलते

पार उतर ही जायेंगे

निराशा के गहरे बादल छाएंगे

बहुत शुरू मचाएंगे, डराएंगे

पर चिंता ना करना

अब जो चढ़े हैं नौका पर तो

पार उतर ही जायेंगे।

ँराजन

मैं शाम तक बैठा रहा

दोपहर तक बिक गया बाजार का हर एक झूठ,

और मैं शाम तक एक सच ले कर बैठा रहा ...

कि कोई आएगा इस सच का भी दाम लगाने

यही सोच सूखे पेड़ की तरह ऐंठा रहा

मैं शाम तक बैठा रहा

फिर रात हुई...झूठ के दुकानदारों की बात हुई ...

मुझे देख चिढ़ाने लगे "और भाई आज का दिन कैसा रहा?"

मैं शाम तक बैठा रहा

गुस्सा तो बहुत आया, ऐड़ियाँ भी खूब रगड़ी

तभी मेरी नज़र, सफ़ेद चादर पहने एक शख़्स पर पड़ी ...

मेरे पास आ कर उसने सच को टटोला और पूछा 'कितने में दोगे?'

अपना सच बिकता देख मैंने दोगुना भाव लगाया...और कहा "इतना बढ़िया कही न पाएंगे?"

ले जाओ साहब, दुकान बढ़ाने का वक़्त है, अब आप से हम
क्या ही कमायेंगे?

वो मेरी तरफ देख मुस्कुराया और दाम चुकाया

मेरा सच लिया और पल झपकते ही ओझल हो गया

जब तक मैं समझ पाता, लालच ने मुझे घेर लिया था

अरे ये मैंने क्या किया ...बेशकीमती सच को झूठ की कौड़ियों में
बेच दिया था...

अब समझा उस शख़्स की हंसी का मतलब ...

मैं दिल में ये टीस लिए, रात भर सहता रहा

कि वो शख़्स फिर से आएगा, इसी इंतज़ार में मैं अगले दिन
फिर शाम तक बैठा रहा....

मैं शाम तक बैठा रहा

~राजन

एक रात, रात के साथ!

एक शाम यूँ ही नदी के किनारे

बैठा था एक पेड़ के सहारे

काँधे पे रखा किसी ने पीछे से हाथ

बोली चलो चलें घूमने मेरे साथ

पलट के देखा तो आधे चेहरे को दिखाती

और आधे चेहरे को ढांकती एक युवती थी

बोली मैं रात हूँ, अकेली हूँ

साथ चलोगे?

उस आधे चांदनी से भरे चेहरे से सम्मोहित हो

मैंने कहा हां चलेंगे।

तो पकड़ो मेरा हाथ

एक रात, रात के साथ।

वो रात अकेली सी थी, जैसे

दुल्हन नवेली सी थी

अपने काले से दुपट्टे में चमचमाते

कितने ही सितारे लगाए

फिर से निकल पड़ी हो

किसी हसीन सुबह की तलाश में

आँचल में अपने चांदनी भरे

सुनसान राहों पर चलती जा रही थी

मुझे रात कभी इतनी हसीं और जीवंत नहीं लगी थी

दिल में धक्-धक् थी, और सांसें ऊपर नीचे हो रखी थी

तन्हाइयों को समेटे, दामन में अपने

सोते हुओं को देते हुए सपने

बस चलती जा रही थी।

अचानक से रुकी और बोली

हाय उसकी वो आँखों की गोली

देखो, वहां देखो

मेहनत की थकान से चूर

गहरी नींद में सोता, गरीब मज़दूर

चिंता में चहलकदमी करता

महलों की खिड़की में दिखता

एक अमीर मज़बूर

ये हैं ज़िन्दगी के रंग, आओ चलो मेरे संग

देखो वो औरत अपना जिस्म बेचने खड़ी है

साथ में उसकी दुधमुंही बच्ची पड़ी है

वो पुलिस भागती चोर के पीछे

अधजगे दादा जी आये अखियों को मींचे

अरे सुनो वो राहुल का अलार्म बजा

वो मस्जिद का आज़ान बजा

वो आयी गुरूद्वारे से गुरुबाणी की आवाज़

मंदिर में भी छिड़ गए भजन और राग

मेरा वक़्त हो चला है, मुझे जाना होगा

मुझे जाना होगा, कल फिर से आना होगा

तुम मेरी राह ना तकना, मैं आउंगी और अपने रंग किसी और
को दिखाउंगी

ये कहते ही वो जाने को हुई

हवा के झोंके से उसकी चुनरी गयी

वो आधा ढका चेहरा मेरे सामने था

एक तरफ चांदनी एक तरफ अँधेरा था

इससे पहले मैं कुछ कह पाता, कुछ समझ पाता

सूरज की पहली किरण के साथ वो ओझल हो गयी।

~राजन

बालकनी में बैठी दादी

आते जाते सब पे नज़र रखती है ये

ऊपर बालकनी में बैठी दादी

गर्मियों में भी ऊन का स्वेटर बुनते

नीचे गली में सब्ज़ी वाले को आवाज़ देती

ए भैया, ये टमाटर कितने के दिए

दादी तीस रुपये किलो

लो कल्लो बात, दुसरा सब्जी वाला तो पच्चीस के कह रहा था

ऊपर से फ्री में धनिया और मिर्ची भी दे रहा था

चल जल्दी से पच्चीस में कर दे,

और ये टोकरी नीचे लटकाई है, इसे भर दे

जी माता जी, कह के सब्ज़ी वाले ने तोल दिए

दादी ने भी आदतन पैसे देते हुए दो चार कड़वे वचन बोल दिए

साँच को क्या आंच है?

और जो इस महंगाई में पांच रुपये बचा ले, उसकी तो क्या बात
है

ये बहुरिया होती तो तीस के ही लाती

अरे ये चने ऐसे ले आई, ज़रा पीस के तो लाती

दादी तू हमेशा गुस्से में क्यों रहती है

सामने वाली बुढ़िया देख, हमेशा हँसती रहती है

ए राजू उसके दांत नहीं है

पेट में उसे आंत नहीं है

हाँ हाँ वो बूढ़ी है और तू जवान है

मेरी दादी तू महान है

देख राजू वो पड़ोसन की लड़की आई है

पर संग किसको लाई है?

ए गिरधारी ये तेरे घर ट्रक क्यों आया है

तिवारी से जल भुनकर, तू उससे भी बड़ा टीवी लाया है?

छोटी सी बालकनी में अपनी

मनोरंजक दुनिया बसाये रखती है

बुढ़ापे में भी अकेलेपन को

दूर से ही हड़काये रखती है

हर पल को कैसे जीना है

ये सीख हमें सीखाती

वो ऊपर बालकनी में बैठी मेरी दादी ।

~राजन

3. सामाजिक कवितायें -
Social Poetalks

उन किताबों से निकली महक हूँ सनम

(तीन तलाक़ पर कविता)

उन किताबों से निकली महक हूँ सनम

दफ़न माज़ी में तुमने किया था जिसे

के मुकम्मल जो न हो सकी कल तो क्या

शायरी आज जश्नों में शामिल तो है।

उन किताबों से निकली महक हूँ सनम।

बेड़ियों में न बांधो मैं भी इंसान हूँ

उस ख़ुदा की बनाई मैं एक जान हूँ

उड़ने दो अब मुझे भी परों पे मेरे

एक फ़साना नहीं मैं भी दास्तान हूँ।

बेड़ियों में न बांधो मैं भी इंसान हूँ ।।

तेरे हाथों में मुस्तकबिल है अब मेरा

लड़ चुकी हूँ ज़मीं के ख़ुदा से बहुत

अब के हारी तो टूट के बिखर जाऊँगी

के अब के हारी तो टूट के बिखर जाऊँगी

मेरे मौला करम हो करम हो तेरा।

तेरे हाथों में मुस्तकबिल है अब मेरा ।

~राजन

तुम आना इसी देस मेरी लाडो!

(देश की बेटियों के साथ हो रहे दुष्कर्मों पर कविता)

तुम आना इसी देस मेरी लाडो

तुम माँ दुर्गा बन कर आना

महिषासुर का वध करना

जो निर्बल, अबला है उनका

पथ प्रदर्शन तब करना

तुम बन द्रौपदी फिर आना

पर अपनी रक्षा खुद करना

लड़ना तुम खुद शस्त्र उठा कर,

गोविन्द से आस नहीं रखना

कर अवतार महाकाली का धारण

मधु कैटभ का वध करना

जो निर्बल, अबला है उनका

पथ प्रदर्शन तब करना

तुम महा देवी, तुम महामाया

तुम महाविद्या, महामोहरूपा

तुम खड्गधारिणी, शूलधारिणी

तुम ही तो हो बोधस्वरूपा

बहने दो आखों से आंसू,

तुम इनको अब गंगा करना

जो निर्बल, अबला है उनका

पथ प्रदर्शन तब करना

कितनी निर्भया, कितनी प्रियंका

कितनी और बलिदानी हो

पाप बढ़ चुका धरती पर

अब एक अमिट अमर कहानी हो

बन कर महानायिका तुम

सबको सर्वत्र स्तब्ध करना

जो निर्बल, अबला है उनका

पथ प्रदर्शन तब करना

तुम आना इसी देस मेरी लाडो!

~राजन

दहेज एक अभिशाप

आज की बहन बेटियों पर

क्या-क्या विवदा आयी है

दहेज़ जैसे दूषण ने

घर-घर में आग लगायी है।

इंसान की इंसान से

देखो कैसी ये लड़ाई है

औरत ही एक औरत का

दुःख समझ ना पायी है ।

लालच ने इंसा की देखो

कैसी दशा बनाई है

बेटी जैसी बहु को अपनी

घर में ही आग लगायी है ।

बाप जानता है बेटी का

कैसे शादी करवाई है

पगड़ी रख कर पैरों में

कैसे इज़्ज़त गवाई है ।

बाप बोला बेटे का

कितनी पढ़ाई करवाई है

रिश्वत हमने भी तो दे कर

नौकरी इसकी लगवाई है ।

घर बनवाया है नया

AC की जगह छुड़वाई है

गेराज भी खाली है पड़ा

गाडी तुमसे मंगवाई है ।

बेटी कहे मैं लक्ष्मी हूँ

जो आपके घर में आयी है

बेटा कहे तू लक्ष्मी है

तो कैश कहाँ छोड़ आयी है?

हाय रे इंसा, तूने कैसी दशा बनाई है

लालच के पीछे भाग भाग कर, सुध अपनी गंवाई है ।

ज़मीर भी मर चुका है

आत्मा भी अब झुलसाई है

हे राम तेरे देश में

अब तेरी ही दुहाई है ।

निशा और फरज़ाना ने

कितनी हिमायत दिखाई है

लालची कुत्तो की दोनों ने

दुम सीधी करवाई है

बारातें लौटा कर अपनी

कैसी चपत लगायी है

पुरे महिला वर्ग को

एक नई दिशा दिखलाई है ।

दी शक्ति नारी को तूने

अपनी कृपा दिखाई है

सबला बन कर कल की अबला

सारे जहां पर छाई है ।

~राजन

धुएं का मंज़र (दूषित होते पर्यावरण पर कविता)

अन्धकार छाया है देखो

धुएं का मंज़र सा लगा

ज़िन्दगी को मौत का देखो

फिर से शायद डर सा लगा।

क्यूँ रोती है ये हवा

शायद उसको कुछ कहना हो

क्यूँ वृक्ष घुट कर जीता है

शायद उसको कुछ कहना हो

ये किसकी कराह बरबस

गूँज रही है कानों में

धरती का कोना कोना

आज मुझे बंज़र सा लगा

अन्धकार छाया है देखो

धुएं का मंज़र सा लगा ।

व्यस्त है इंसान भी कितना

कौन सुने उनकी फरियाद

आवाज़ें दे इंसा, कर अब तो

घर को वापिस चलें हैं आज

दर्द भरी ये किसकी आहट

गूँज रही है कानों में

दूर से लेकिन धुंधला-धुंधला

मुझको तो सागर सा लगा

अन्धकार छाया है देखो

धुएं का मंज़र सा लगा ।

धुएं की यह गहरी छाया

श्याम हो रही श्वेत सी काया

उजड़ी सी इन तंग गलियों में

फैला रही है अपनी माया ।

छन-छन, घुंघरू की आवाज़ें

गूंज रही हैं कानों में

जीवन के इस रंग मंच पर

मौत का तांडव सा लगा

अन्धकार छाया है देखो

धुएं का मंज़र सा लगा ।

मासूम लोचन में अश्रु हैं बहते

अधर वृद्धों के जाने क्या हैं कहते

ये तमाशा नासमझी का कब तक चलेगा

अनजान इससे मानव कब तक रहेगा?

धरती माँ भी चीख कर बोल रही हैं कानों में

अंधेर युग को रोशन करता, सूरज भी मद्धम सा लगा

अन्धकार छाया है देखो

धुएं का मंज़र सा लगा

~राजन

नही भूलेंगे हम नही भूलेंगे हम!!!

(दिल्ली दंगो पर कविता - 'सब कुछ याद रखा जायेगा' का जवाब)

नही भूलेंगे हम नही भूलेंगे हम।।

उन षड्यंत्रों को, उन नारों को

चाकू से दिए उन वारों को

चार मंज़िल के मकान से

पत्थर और गुलेल के इशारों को।।

नही भूलेंगे हम, नही भूलेंगे हम।।

जो आग लगाई है तुमने

जो ग़दर मचाई है तुमने

जो ख़ून बहाया है तुमने

सुकुन भुलाया है तुमने

नही भूलेंगे हम, नही भूलेंगे हम।।

जो घर जलवाये हैं तुमने

पत्थर चलवाये हैं तुमने

कोल्डड्रिंक की बोतल में

पेट्रोल भरवाए हैं तुमने

छोटे-छोटे पैकेट में

तेज़ाब भरवाएं हैं तुमने

नही भूलेंगे हम, नही भूलेंगे हम।।

जो पत्तलकार खरीदें हैं

झूठ तुम्हारा चलातें हैं

सेक्यूलर वाला मास्क पहन कर

कम्युनल हो जातें हैं

शाहरुख़ को अनुराग बताते

ऐसे तुम्हारे दलालों को

असल इमेज को क्रॉप कर दिखाते

ऐसे तुम्हारे नक़्क़ालों को

नही भूलेंगे हम नही भूलेंगे हम।।

हाथ बाहर निकलता अंकित का उस

गंदे नाले से याद है

सीने पर गोली खाने वाला

रत्न लाल, आज़ाद है (चंद्रशेखर आज़ाद)

जिनकी दुकानें जल गईं

और जो सड़क पर आ गए

मासूम हमारे बच्चों के दिल

डर से कैसे घबरा गए

नही भूलेंगे हम, नही भूलेंगे हम।।

नालों से निकली लाशों को

गुमशुदा उन साँसों को

आँसूओं से भरी उन आखों को

पेट से निकली आंतो को

जले हुए उन कपड़ों को

तेज़ाबी शरीर के चिथड़ों को

नही भूलेंगे हम नही भूलेंगे हम।।

गंदे तुम्हारे प्रोपेगंडा को

तुम्हारे मालिकों के एजेंडा को

नही भूलेंगे हम नही भूलेंगे हम।।

कैसे कैसे गुल खिला रहे हो

उलटी गंगा जमुना बहा रहे हो?

नही भूलेंगे हम नही भूलेंगे हम।।

सब याद रखा जायेगा, सब कुछ याद रखा जायेगा।।

~राजन

परिशिष्ट भाग Post Script

ये सभी कविताएं राजन चावला द्वारा स्व रचित है। हम आशा करतें हैं की आपको सभी रचनाएं पसंद आयीं होंगी। अधिकांश कविताओं का ऑडियो सभी डिजिटल प्लेटफॉर्म जैसे Spotify, Amazon, Jio Saavn आदि पर उपलब्ध है। साथ ही आप कविताओं के वीडियो 'The Music Revivers' Youtube चैनल पर भी देख सकते हैं। आप इन कविताओं को अपनी कॉलर ट्यून भी बना सकते हैं और इंस्टाग्राम और फेसबुक पर रील भी बना सकते हैं। इन कविताओं को अपने प्रिय, साथी, पत्नी, पति और दोस्तों को समर्पित करें, जो आपकी मनोदशा और भावना के अनुसार हों।

All these poems are self composed by Rajan Chawla. We hope that you have liked all the Poe't'alks. Most of the poetries have got their audio avaialble on all the digital platforms like Spotify, Amazon, Jio Saavn etc. Also you can watch the videos on the poems on 'The Music Revivers' Youtube channel. You can make these poems as your caller tune as well and make the video reels on Instagram and Facebook too. Dedicate these poe't'alks to your beloved, partner, wife, husband and friends basis your mood, feeling and emotion accordingly.